RATUS POCHE

COLLECTION DIRIGÉE PAR JEANINE ET JEAN GUION

Les mensonges de Ratus

Dans la série « Les aventures du rat vert » :

© Hatier Paris 1996, ISSN 1259 4652, ISBN 2-218 71377-2

Les mensonges de Ratus

Une histoire de Jeanine et Jean Guion
illustrée par Olivier Vogel

HATIER

Ratus

Mina, Marou, Victor

Jeannette
la maîtresse d'école

le médecin, Mamie Ratus, M. Labique

Belo

Les personnages de l'histoire

C'est lundi. Cette semaine, Ratus est en vacances. Il doit aller chez sa grand-mère, car il a promis de l'aider à ranger sa cave. Mais il n'en a pas envie !

Il lui téléphone :

– Allô, Mamie. J'ai mal au ventre. Le docteur est venu. Il dit que je dois rester couché.

– Pauvre petit Ratounet ! dit Mamie Ratus.

Quand Belo téléphone, que répond Ratus ?

Le mardi, les chats ne sont pas là. Ratus a promis de ramasser les haricots dans le jardin de Belo.

Le soir, à son retour, Belo téléphone au rat vert :

— Tu n'es pas venu ?

— Je n'ai pas pu, répond Ratus. J'avais mal à la tête. J'ai un virus. Le docteur dit que je ne dois pas me baisser.

— Soigne-toi bien, dit Belo.

*Quel mensonge Ratus raconte-t-il
à Victor ?*

Le mercredi, Victor a organisé un cross. Il a inscrit Ratus, mais le rat vert n'aime pas courir ! Il téléphone, juste au moment où Victor va sortir : 4

– Allô, Victor ? Je suis tombé de vélo et je me suis fait très mal au genou.

– C'est grave ?

– Oui, ment Ratus. Je ne peux plus marcher. 5

– Repose-toi bien et soigne ton genou, dit Victor.

Que dit le répondeur de Ratus ?

Le jeudi, Ratus doit aller chez Jeannette pour faire une dictée. Mais Ratus n'aime pas faire des dictées. Alors, il a branché son répondeur. Quand Jeannette téléphone, elle entend :

6

— *Ratus est chez le docteur. Un chien l'a mordu à la main. Il ne peut pas écrire.*

« Pauvre Ratus, pense Jeannette. »

Que raconte Ratus au marchand de fromage ?

Chaque vendredi, Ratus passe chez monsieur Labique pour payer les 7 fromages qu'il a achetés. Comme il n'est toujours pas venu à six heures du soir, le fromager lui téléphone :

– J'ai eu un accident de moto, 8 répond le rat vert. Ma moto est toute cassée…

– Tu n'as pas de chance, dit le marchand de fromage.

Ratus parle de sa grand-mère. Que dit-il ?

Samedi, les chats décident de visiter le nouveau musée de la ville. 9

– Viens avec nous, dit Mina à Ratus.

– Victor sera là, ajoute Marou.

– Je dois aller voir ma grand-mère, dit le rat vert. Elle est malade.

Ratus ferme ses volets, comme s'il partait. Mais il reste chez lui et s'installe devant son poste de télévision.

Dans l'histoire, qui n'est pas allé au musée ?

Au musée, il y a beaucoup de monde.

— Ratus n'est pas venu ? demande Jeannette.

— Non, dit Mina. Il est allé voir sa grand-mère qui est malade.

— Ratus aussi a été malade, dit Belo.

— Il est tombé de vélo et s'est fait mal au genou mercredi, dit Victor.

— Et hier, il a eu un accident de moto, ajoute monsieur Labique.

À ce moment-là, qui voit-on arriver ? Mamie Ratus ! Elle est avec le médecin du rat vert…

Qui dit que Ratus a menti ?

– Mais, vous n'êtes pas malade ? s'étonne Belo.

– Je suis en pleine forme ! répond la grand-mère. Ratus a menti.

Tout le monde parle en même temps :

– Il n'avait pas mal à la tête ?

– Il n'est pas tombé de vélo ?

– Il ne s'est pas fait mordre ?

– Il n'a pas eu d'accident de moto ?

Eh, non ! Ratus a raconté de gros mensonges…

Où Ratus va-t-il tomber ?

Le lendemain dimanche, Ratus s'amuse dans son jardin. Sur une table, il a posé une chaise où il s'est perché. 10
Il joue à l'acrobate. 11

Tout à coup, patatras ! Il glisse et tombe sur son cactus.

– Aïe ! Au secours ! hurle-t-il.

À côté, chez les chats, personne ne bouge.

– Laissons-le, dit Belo, c'est encore un mensonge.

Que se passe-t-il, à la fin de l'histoire ?

Ratus a mal. Il appelle le médecin :

– Docteur, venez vite enlever les épines de cactus qui sont plantées dans mes fesses !

Le médecin éclate de rire et raccroche. Il pense :

« C'est encore un mensonge ! »

Ni Mamie Ratus, ni Jeannette, ni Victor ne veulent venir. Ils ne croient plus Ratus.

Pourtant, cette fois, ce n'est pas un mensonge. Et le pauvre Ratus doit enlever tout seul ses épines de cactus !

1

les **haricots**
(on prononce :
a-ri-co,
lé-a-ri-co)

2

un **virus**
Un virus donne des
maladies, comme la
grippe.

3

se **baisser**
(on prononce :
bé-sé)

4

un **cross**
C'est une course à
pied dans la
campagne.

il a **inscrit**
Victor a écrit le
nom de Ratus dans
la liste de ceux qui
font le cross.

5

Ratus **ment**
(on prononce :
man)
Il dit un mensonge.

6

il a **branché**
Il a mis son
répondeur en
marche.

un **répondeur**
C'est un appareil qui répond au téléphone quand on n'est pas là.

7

payer
(on prononce : *pai-ié)*

8

un **accident**
(on prononce : *ac-si-dan*)

9

un **musée**
Dans un musée, on peut voir des objets intéressants, réunis ensemble : des tableaux, par exemple.

10

il s'est **perché**
Il a grimpé sur quelque chose, le plus haut possible.

11

un **acrobate**
C'est un artiste de cirque qui fait ses numéros en équilibre sur quelque chose.

Maquette Jean Yves Grall, photogravure Joseph Dorly

Imprimé en France par Pollina, 85400 Luçon - n° 76353-B
Dépôt légal n° 17135 - Janvier 1999